BEI GRIN MACHT SICH IHR WISSEN BEZAHLT

AF136939

- Wir veröffentlichen Ihre Hausarbeit, Bachelor- und Masterarbeit

- Ihr eigenes eBook und Buch - weltweit in allen wichtigen Shops

- Verdienen Sie an jedem Verkauf

Jetzt bei www.GRIN.com hochladen und kostenlos publizieren

Bibliografische Information der Deutschen Nationalbibliothek:

Die Deutsche Bibliothek verzeichnet diese Publikation in der Deutschen National-bibliografie; detaillierte bibliografische Daten sind im Internet über http://dnb.d-nb.de/ abrufbar.

Impressum:

Copyright © 2018 GRIN Verlag
Druck und Bindung: Books on Demand GmbH, Norderstedt Germany
ISBN: 9783346082787

Dieses Buch bei GRIN:

https://www.grin.com/document/510895

Maximilian Linner

Aus der Reihe: e-fellows.net stipendiaten-wissen

e-fellows.net (Hrsg.)

Band 3304

Blockchain-Technologie am Beispiel WhatsApp und Bitcoin. Welche Chancen und Risiken gibt es?

GRIN Verlag

GRIN - Your knowledge has value

Der GRIN Verlag publiziert seit 1998 wissenschaftliche Arbeiten von Studenten, Hochschullehrern und anderen Akademikern als eBook und gedrucktes Buch. Die Verlagswebsite www.grin.com ist die ideale Plattform zur Veröffentlichung von Hausarbeiten, Abschlussarbeiten, wissenschaftlichen Aufsätzen, Dissertationen und Fachbüchern.

Besuchen Sie uns im Internet:

http://www.grin.com/

http://www.facebook.com/grincom

http://www.twitter.com/grin_com

Hochschule für angewandte Wissenschaften München

Wintersemester 2017/2018

Studiengang: Wirtschaftsinformatik

Studienfach: Business Simulation

Seminarbeit über das Thema Blockchain

Verfasser: Maximilian Linner

28.04.2018
_____

Ort, Datum

Inhaltsverzeichnis

Abbildungsverzeichnis

1. Grundlagen der Blockchain

Im folgenden Kapitel wird ein Überblick über wesentliche technische und konzeptionelle Grundlagen der Blockchain dargestellt. Nachdem die allgemeine Definition der Blockchain erklärt wird, wird die allgemeine Funktionsweise näher beleuchtet.

Die Blockchain ist generell eine neue Technologie, deshalb hat sich bisher noch keine einheitliche Definition durchgesetzt. Der Blockchain ist ein sogenanntes ‚*distributed Ledger*' – eine Datenbank (Swan, 2015), welche (finanzielle) Transaktionen beinhaltet und dezentral über alle Computer läuft, welche die jeweilige Blockchain Software installiert haben. Die Motivation die Software am eigenen Computer laufen zu lassen – ein Prozess, welcher ‚mining' oder ‚minting' heißt – ist ein finanzieller Vorteil verteilt auf alle teilnehmenden ‚Miner'. Der Begriff des Miners und dessen Aufgaben werden in den anschließenden Kapiteln näher beschrieben.

Alle Transaktionen, welche gemacht wurden, werden von einem teilnehmenden Knoten (z.B. Computer) im Netzwerk der Blockchain Software durchgeführt und werden wegen Datenintegrität anschließend an alle anderen Knoten weitergegeben. Bei bestimmten Intervallen, z.B. ungefähr zehn Minuten im Fall von Bitcoin, wird eine Teilmenge von allen schwebenden Transaktionen zusammengefasst und in einem neuen Block linear und chronologisch umgewandelt (Swan, 2015). Im Falle, dass nicht alle Transaktionen in einem neuen Block passen, bevorzugen Miner Transaktionen mit einem höheren Transaktionswert. Der neue Block beinhaltet die Referenz des Bezeichners von dem letzten hinzugefügten Block und seines Eigenen, damit der nächste Block sich auf dem vorherigen beziehen kann. Die daraus resultierende Liste wird in dem darunter gezeigten Bild dargestellt (siehe Abbildung 1).

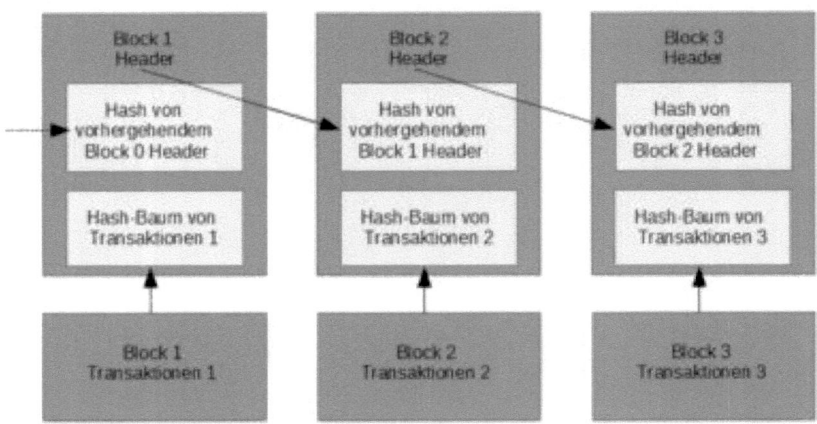

Abbildung 1 : Basis Konzept eines Blockchains (The Bitcoin Foundation, 2016)

2. Funktionsweise eines Blockchain-Systems anhand des Beispiels WhatsApp

Bevor näher auf die Funktionsweise anhand des Beispiels Bitcoin eingegangen wird, wird zuerst der heutige Prozess der Kommunikation dargestellt. Nehmen wir an, dass ich eine Nachricht per WhatsApp (Instant-Messaging-Dienst) an eine andere Person senden will. Meine Nachricht wird von mir eingetippt und nachdem ich auf dem Button „Senden" geklickt habe, wird diese an den zentralen Server von WhatsApp gesendet. Dort wird sie verarbeitet, gespeichert und erst dann wird die Nachricht weiter an den Empfänger gesendet – zentrales Computer Netzwerk. Diese Variante der Kommunikation ist anfangs keine negative, jedoch hat das Blockhain System sich die negativen Gesichtspunkte des zentralen Computer Netzwerks als Identifikator ihres Systems gemacht, um diese zu verbessern. Negative Aspekte eines zentralen Computer Netzwerks sind auf Dauer nicht sicher und vertrauenswürdig. Ein zentrales System kann sich nicht dauerhaft von Cyper-Attacken schützen und so garantieren, dass die Daten lediglich autorisierten Personen zur Verfügung stehen.

Nun wird der innovative Kommunikationsweg mit dem System der Blockchain näher erläutert (siehe Abbildung 2).

Man sendet über dem Instant-Messaging Dienst WhatsApp eine Nachricht an eine Person und diese Nachricht wird nicht mehr an einem zentralen Server gesendet, sondern an ein Netzwerk aus unabhängigen Computern, welche überall auf der Welt verstreut sein können. Diese können jedem einzelnen Menschen auf der Welt gehören. Jeder Computer übernimmt einen Anteil zum Versenden der Nachricht und niemand kann Zugriff auf den kompletten Teil der Nachricht haben, sondern kann maximal Bruchstücke der Nachrichten abfangen. Dieses Konzept nennt man dezentrales Netzwerk und ist der Hintergedanke der Blockchain.

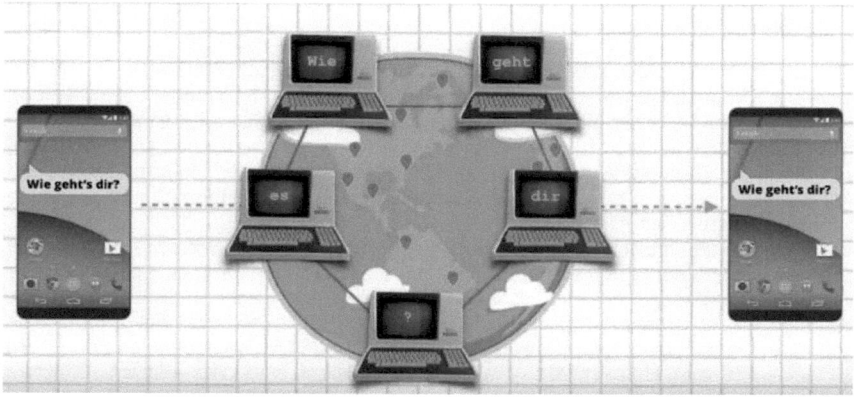

Abbildung 2 : Eigene Darstellung einer Konversation über WhatsApp

3. Funktionsweise eines Blockchain-Systems anhand des Beispiels Bitcoin

Wenn man die Nachrichten liest, neue Blockeinträge im Internet durchstöbert oder sich über die neuesten Ausgaben der Techniknewsletter informiert, kommt man um den Begriff Bitcoin nicht herum. Um den Begriff Blockchain anhand eines Beispiels näher betrachten zu können, widmet sich das folgende Kapitel über Bitcoin mit der Funktionsweise des Blockchains.

Bitcoin ist im Generellen ein digitales Geld, welches durch die Technologie der Blockchain betrieben wird. Laut Nakamoto (2008) ist Bitcoin eine ‚peer-to-peer‘ Verbindung von elektronischem Geld, welches erlaubt, dass man Zahlungen online direkt von einer Person zur Anderen sendet, ohne eine dritte Partie, wie PayPal oder einer Bank, zu benötigen. Bitcoin Blockchain ist eine dezentrale organisierte Datenbank, welche von mehreren Personen betrieben wird. In der dezentralen Datenbank sind alle bisherigen Transaktionen in "verketteten" Blöcken dokumentiert. Neue Transaktionen werden in neuen Blöcken hinzugefügt. In der Sprache der Buchhalter wäre die Blockchain das offene Hauptbuch (engl.: Open ledger) in einem gigantischen Buchhaltungssystem. Allerdings sind die Informationen im Fall der Blockchain eben nicht zentral abgelegt, sondern werden redundant auf allen Knoten (z.B. Computer) der Kette gehalten.

Die dezentrale Datenbank der Bitcoins wird von den teilnehmenden Personen der Gemeinschaft anhand des zugehörigen Protokolls verwaltet und tätigen Bitcoin-Transaktionen. Man gehört als Person, welche eine Transaktion tätigt oder versendet, dem Netzwerk an und kann deshalb nachverfolgen, welcher Wert von Bitcoins von welcher Position zur Anderen gesendet wurde. Die Personen, welche die Transaktionen tätigen bleiben jedoch anonym und können nicht nachverfolgt werden. Für die Registrierung zum Tätigen von Transaktionen werden keine privaten Parameter benötigt.

Die so genannten Miner betreiben und sichern das Bitcoin-Netzwerk, indem sie mehrere Transaktionen zusammenfassen und validieren. Neue Transaktionen werden in einem neuen Block dokumentiert und an das Ende der Kette angehängt. Mit jedem neuen Block aktualisiert sich die Kette auf jedem Knoten im Blockchain-Netz. Damit verfügt jeder Teilnehmer des Netzwerks über die gleichen Informationen und Voraussetzungen, um am System teilzunehmen und neue Informationen für jeden öffentlich darzustellen (Dai, 1998).

Miner kann grundsätzlich jeder sein, der die quelloffene Bitcoin Software herunterlädt und seine Rechnerkapazität zur Verfügung stellt. Jedoch gibt es geographische Vorteile in gewissen Ländern. Da ein Miner sehr viele Rechner und Prozessoren benötigt, um komplexe mathematische Aufgaben zu lösen, sind die Strompreise enorm. In Deutschland beispielsweise kostet im Jahr 2018 eine Kilowattstunde (kWh) 29,42 Cent (Stromvergleich ‚2018), wohingegen in Island eine kWh lediglich 10,5 Cent (Andreas, 2012) kostet. Durch diesen hohen Unterschied an Stromkosten lohnt es sich nicht, in Deutschland als Miner tätig zu sein. Neben Island als beliebter Ort für Miner ist ebenfalls China sehr populär für das Betreiben von Rechenhallen. Im Allgemeinen kann man sagen, dass das ,minen' von Bitcoins pro Jahr ca. 29 Terawattstunden (TWh) verbraucht und damit im Vergleich zu anderen 159 Ländern mehr Strom verbraucht als das Land selbst (Misiak ,2017).

3.1 Bitcoin Wallet

Durch die digitale „Geldbörse", (engl.: virtual Wallet) können Konten der Bitcoin verwaltet und administriert werden. Eine Bitcoin Wallet dient vorrangig zum Senden und Empfangen von Bitcoins. Die Wallet generiert ein Schlüsselpaar, bestehend aus zwei Schlüssel:

- einem öffentlichen Schlüssel

- einem privaten Schlüssel.

Der öffentliche Schlüssel (engl.: Public Key) wird in eine öffentliche Adresse umgewandelt - die für jeden einsehbare "Kontonummer". Der private Schlüssel (engl.: Private Key) wird nicht dem Netzwerk bereitgestellt. Er ist Teil einer digitalen Unterschrift, mit der jede Transaktion zu signieren ist. Es ist fast nicht lösbar, was der mögliche Schlüssel sein kann, da es eine enorm hohe Zahl von verschiedenen, möglichen Schlüsseln gibt.

Eine Bitcoin-Überweisung benötigt:

- Bitcoins senden und empfangen
- Nachrichtsignatur, um den Adressbesitzer zu bestätigen
- Bitcoin Wallet mit einem Passwort verschlüsseln
- die privaten Schlüssel sichern und verwalten
- Adressen in einem Adressbuch speichern

Informationen wie Adresse, Geburtsdatum, Familienname, Nummer der Karte sind nicht relevant für das Versenden von Bitcoins. Es benötigt hierbei keinen Mittels-Mann für das Abwickeln der Transaktionen (z.B. Banken, PayPal).

3.2 Bitcoin Mining

Neue generierte Transaktionen werden mit der Hilfe von den Minern an die bestehende Blockchain Blöcke angehängt. Um einen neuen Block zu erzeugen, werden die Überweisungen von den Miner in einem gewissen Zeitraum zusammengefasst. Der neu entstandene Block wird über ein spezielles Konsensverfahren geschaffen. Im Falle der Bitcoin Blockchain muss für die Erzeugung des neuen Blocks eine mathematische, kryptografische Aufgabe gelöst werden. Dazu gibt es mehrere Möglichkeiten, wie man diese Aufgabe löst. Die meist verwendete Funktion ist die Hash-Funktion SHA-256 an (Nagamoto, 2008).

Für die Aufgabe dienen die folgenden drei Größen als Input:

- der Previous Hash (256 Bit): Der Kontaktpunkt für den momentanen Block

- die Merkle Root: Dabei werden die einzelnen Transaktionen solange paarweise zu einem neuen Hash gebündelt, bis es nicht mehr weiter geht. Diese oberste Ebene nennt man Root-Hash. Dieser Root-Hash wiederum ist ein notwendiger Bestandteil, um die Blockchain fortzuführen. Kleinste Änderungen in der Hash-Historie ändern dabei den Wert des Root-Hash

- die Nonce: um eine Zahlen- oder Buchstabenkombination zu bezeichnen, die nur ein einziges Mal in dem jeweiligen Kontext verwendet wird. (Variable, nach welcher die Aufgabe aufgelöst werden muss)

Die genannten Inputgrößen werden in dem unten gezeigten Bild illustriert (siehe Abbildung 3).

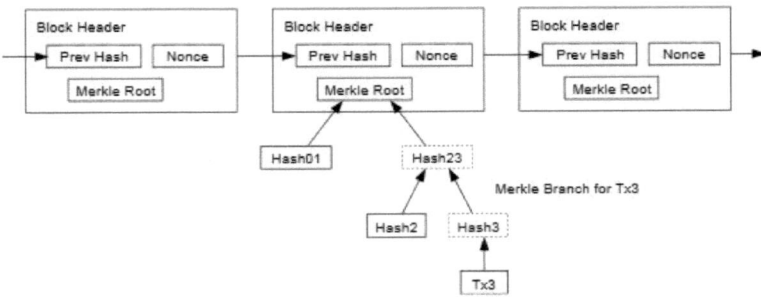

Abbildung 3 : Proof of Work Chain (Nagamoto, 2008)

Output muss laut Bitcoin-Protokoll ein neuer Hash sein, bei dem die ersten 17 Bits mit Nullen belegt sind. Dieser neue Hash ist nur zu finden, indem die Miner-Rechner so lange herumprobieren und immer wieder die Nonce austauschen, bis die Aufgabe gelöst ist. Dieses ausgesprochen rechenintensive Konsensverfahren wird "Proof-of-Work" (PoW) genannt. Der Proof-of-Work Mechanismus ist eine Form der sogenannten Konsens-Mechanismen, um im Netzwerk einen Konsens zu erzielen und sich gemeinsam auf eine identische Version der Blockchain zu einigen (Becker et al., 2013).

Das Durchführen eines Proof-of-Work Mechanismus bzw. das Berechnen der Ergebnisse bezeichnet man im Kontext von Blockchains als „Mining". Die Miner versuchen dabei, durch milliardenfache Ausführung von Rechenoperationen, ein Ergebnis mit bestimmten Eigenschaften zu finden. Haben Sie ein solches Ergebnis getroffen, werden Sie vergütet

Der Miner, welcher als Erstes den neuen Hash errechnet, stellt den Block im Netzwerk öffentlich dar. Zeitgleich überprüfen die an der Blockchain beteiligten Komponenten, ob der neu erzeugte Block gültig ist. Diese Prozedur dauert lediglich in Bruchteilen einer Sekunde. Das wird dann getätigt, wenn die verwendeten Input-Größen ("Previous Hash" und eingewebte Transaktionen) gemeinsam mit der gewählten Nonce den neuen Hashwert mit x führenden Nullen ergeben. Die Prüfung dieser Tatsache dauert einen Wert im Millisekunden Bereich, wohingegen das Finden einer Lösung mehrere Minuten in Anspruch nehmen kann. Der neu errechnete Block wird im Netzwerk freigegeben und jeder kann in Sekundenbruchteilen den Block in deren Portfolio speichern.

Als Belohnung für das Errechnen der komplexen mathematischen Rechenaufgaben, Bereitstellung von Rechenleistung und Erzeugung neuer Blöcke erhalten die Miner unter anderem eine protokollarisch festgelegte Belohnung von derzeit 12,5 Bitcoin (Kannenberg, 2016). Diese Anzahl an Bitcoins kann der Miner in seinem Portfolio weiterhin behalten mit der Hoffnung, dass der Wert des Bitcoins steigt oder er kann umgehend den Bitcoin in Geld umwandeln. (Stand 28.04.2018, 1 Bitcoin = 7.408,95 €).

Da das Schürfen von Bitcoins alleine sehr aufwendig ist, gibt es zwei Varianten, wie man das Schürfen in einer Gemeinschaft erledigen kann.

- Bitcoins schürfen mithilfe von Cloud-Mining
  Man mieten von einem Unternehmen die benötigte Software und Hardware gegen eine finanzielle Gegenleistung in einer Cloud an und die geschürften Bitcoins werden prozentual direkt auf der eigenen Digital Wallet, welche vorher eingerichtet wurde, gutgeschrieben. Ein Anbieter von Cloud-Mining ist beispielsweise Genesis-Mining (Günther & Dutschmann, 2017).
  Dabei ist allerdings zu beachten, dass es bei jedem der Anbieter unterschiedlich gehandhabt wird, wie Rechenleistung gekauft werden kann. Zudem sollten Interessenten bedenken, dass hinter allzu verlockenden Niedrig-Preisen oder Angeboten schwarzen Schafe stecken könnten.

- Bitcoins schürfen mithilfe von Mining-Pool
  Beim Bitcoin-Mining hat man alleine eine große internationale Konkurrenz, in welcher sich man durchsetzen muss. Der Prozess alleine zu ‚minen' dauert wesentlicher länger und die benötigte sehr viel Rechenleistung. Deshalb haben sich einige Miner zusammengeschlossen und betreiben zusammen riesige Hallen mit sehr hoher Rechenkapazität. Die Rechenkapazität aller Nutzer wird gebündelt und die Belohnung in Form von Bitcoins entsprechend der Rechenleistung auf die einzelnen Schürfer aufgeteilt. Die beiden bekanntesten Mining-Pools sind Antpool (3778.68 Petahash pro Sekunde (Ph/s)), F2Pool (1479 ph/s) (Brühl, 2017).

4. Chancen und Risiken von Blockchain

Der Begriff Blockchain gilt momentan als der Begriff für die zukünftigen Technologien. Jedoch verbirgt sich neben den Vorteilen auch einige Risiken, welche in diesem Kapitel beschrieben werden. Zuerst jedoch wird näher auf die Chancen eingegangen. Einer der größten Vorteile der Blockchain besteht darin, den direkten Austausch von Mitteln zwischen verschiedenen Parteien zu haben. Die Transaktionsabwicklung dauert lediglich eine kurze Zeit und benötigt keine Mittelsmänner wie Banken, Treuhändler oder Bezahldienste wie PayPal. Man muss deshalb kein Vertrauen für Interaktionen haben.

Eine weitere Chance ist, dass es ausgeschlossen ist, im Nachhinein Änderungen vorzunehmen, ohne dass eine andere Partei es einsehen kann. Die Transparenz und die Datenintegrität führen daher zur hohen Sicherheit der Daten. Neben den oben genannten Vorteilen gibt es jedoch auch eine Anzahl an negativen Aspekten. Im folgenden Abschnitt werden aus meiner Sicht die wichtigsten Risiken nahegelegt.

Eine der größten Herausforderungen im Umgang mit der Blockchain-Technologie wird „blockwashing" sein. Entwickelt sich eine vielversprechende Technologie, soll diese als Heilsbringer in den unterschiedlichsten Bereichen fungieren. Die Hals-über-Kopf-Methode, um aus der neuen Technologie Kapital zu schlagen, befeuert die frühe Kurve des Gartner-Hype-Zyklus (Gartner, 2016). Diese führt aber auch zu einem unausweichlichen Zusammenbruch, wenn die Technologie den Erwartungen nicht gerecht wird – wie bereits gemutmaßt wird. In der unten gezeigten Abbildung 4 kann man die Kurve der Erwartungen an neuen Technologien sehen.

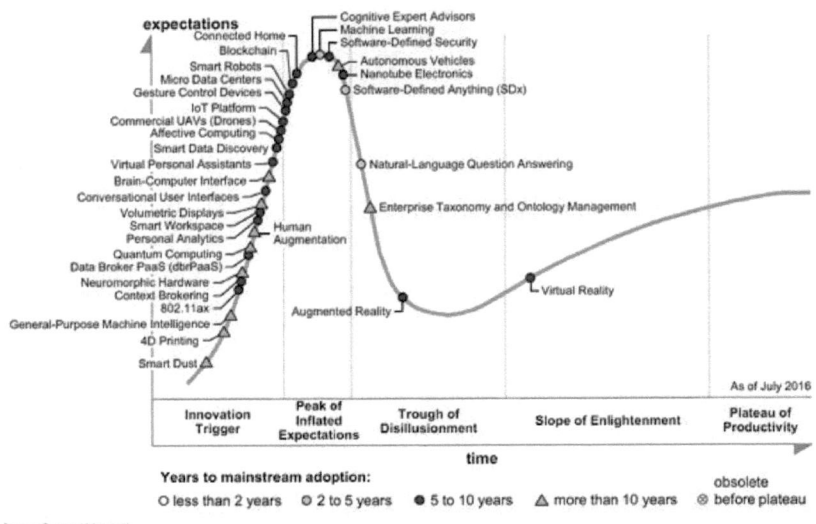

Abbildung 4 : Gartners Erwartungskurve für neue Technologien (Gartner, 2016)

Ein weiteres Risiko ist die fehlende Standardisierung. Es gibt zahlreiche Vorschläge und Lösungsansätze für die Blockchain Technologie. Jede mit ihren Vor- und Nachteilen. Zusammenarbeit kann hier nur die richtige Vorgehensweise sein, um allgemein gültige Standards zu definieren. Die Internationale Organisation für Normung (ISO) hat bereits ein Komitee gebildet, welches erste Bemühungen in diese Richtung prüft und an einer Standardisierung arbeitet.

Zuletzt ist die Umsetzung ein großes Problem für die Blockchain Technologie. Viele zukünftige Projekte werden auf diese Technologie aufsetzen. Da man von Software mit Blockchain ein hohes Maß an Sicherheit benötigt, verbirgt sich dort ein hoher Risikofaktor, da der programmierte und implementierte Code durch Menschen geschrieben wird und die Vergangenheit beweist, dass jedes Programm ihre Schwachstellen für Angriffe hat. Deshalb ist es enorm wichtig, unter Berücksichtigung von Sicherheitskonzepten zu programmieren und so zum Beispiel die Schwachstellen bei Input und Output Validierung zu korrigieren. Und zwar bevor man diese Technologie in weiten Teilen der Wirtschaft anvertraut oder sie ausgiebig dafür nutzt.

5. Ausblick

Der Gedanke der Dezentralität ist nicht nur für politische Idealisten, die von einem Leben ohne Banken und Behörden Träumen interessant, sondern mit Hilfe der Blockchain lassen sich verschiedene Anwendungen realisieren, welche in einer zentralen Lösung schwierig bis unmöglich zu implementieren wären.

Die Technologie hinter diesen Gedanken ist die Blockchain, diese uns ermöglicht, Nachrichten oder digitales Geld (z.B. Bitcoin) von Individuum zum nächsten Individuum zu bewegen.

Es könnte unsere Welt komplett verändern, da hinter dieser Technik ein hohes Potential besteht, welches ich anhand von den drei interessantesten Beispielen belegen werde.

5.1 Internet of Things

Bei Internet der Dinge können viele verschiedene Geräte und Anwendungen als gleichwertige Partner in einem Netzwerk interagieren. Die Blockchain ermöglicht es, diese gleichwertigen Partner ohne Notwendigkeit eines zentralen Servers zu vernetzen.

Ziel des Internets der Dinge ist es, diese durch zusätzliche Rechenkapazität, Sensorik und Robotik möglichst intelligent zu gestalten und ein autonomes Handeln (frei von menschlicher Interaktion) zu ermöglichen. Im Kontext von Dienstleistungen skizziert Abbildung 5 fünf mögliche Rollen, welche die Endgeräte bei zunehmender Intelligenz (Smartness) einnehmen können.

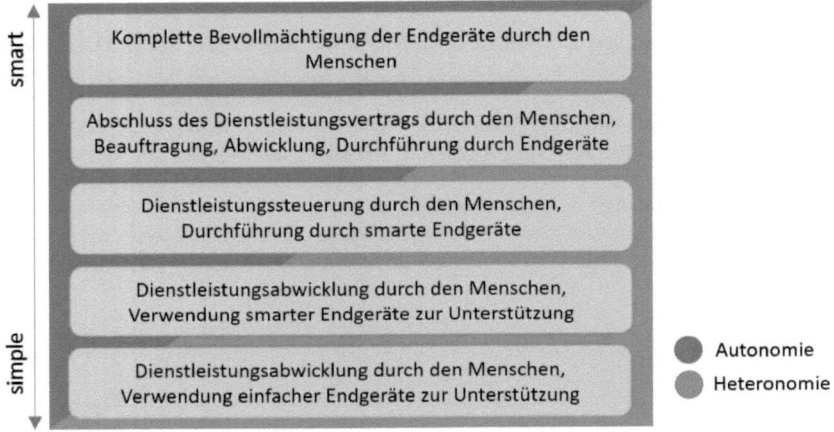

Abbildung 5 : Rolle der Endgeräte bei Dienstleistungen (Khan, 2018)

Je intelligenter die Einbindung, umso weniger müssen Endgeräte durch den Menschen gesteuert oder verwendet werden (Heteronomie) und umso umfangreicher ist ein ereignisgesteuertes, selbstständiges Handeln möglich (Autonomie). Die Quintessenz ist folglich, dass das Internet der Dinge die Endgeräte soweit befähigt, dass diese theoretisch in der Lage wären, Dienstleistungen völlig autonom auszuführen.

Nun liegt das Problem darin, Schutzziele der IT-Sicherheit (Kannenberg, 2016] wie Vertrauen, Integrität oder Zurechenbarkeit während der Abwicklung einer Dienstleistung zu gewährleisten. Personendatenschutz und Sicherheit vor physikalischem Schaden. Für diese Intermediär Aufgaben kommt die Blockchain-Technologie ins Spiel. Mit der Blockchain können folgende Funktionen realisiert werden:

- gesicherte und nicht manipulierbare Kommunikation zwischen Entitäten, eigene Spezial-Währung (sog. Kryptowährung) als natives Zahlungsmittel,
- treuhänderische Verwaltung von Geldwerten und Steuerung von Abläufen durch Smart Contracts,
- Speicherung des Kommunikations- und Transaktionsverkehrs,
- (asymmetrische) Verschlüsselung der Transaktionen,
- Integritätsüberprüfung aller Transaktionen.

5.2 Finanzsektor

Unmengen von Banken arbeiten momentan an der Blockchain, da auch die Banken um Bezahlungsprovidern zur Absicherung von Transaktion auf sichere Blockchain Systeme zurückgreifen könnten und damit unser Geld sicherer machen und die Transaktionen schneller übermitteln können.

Das Potenzial der Blockchain-Technologie für die Finanzbranche ist immens und reicht von der Möglichkeit, Netzwerks- und Transaktionskosten erheblich zu verringern oder Kapital freizusetzen, bis hin zur Chance, Risiken erheblich zu reduzieren. Fast alle Banken, Notenbanken und Regulierer sowie zahlreiche Start-Ups aus dem Bereich Finanztechnologie und Software-Häuser beschäftigen sich mittlerweile mit dem Thema. Allein 2015 flossen global knapp über 1 Mrd. US-Dollar an Risikokapital in Blockchain-Start-Ups – mit erheblicher Chance auf Steigerung.

5.3 Smart Contracts

Eines der wichtigsten Anwendungsfelder der Blockchain sind Smart Contracts. Diese sind keine klassischen Verträge zwischen zwei Parteien, sondern sie können diese in Zukunft ersetzen, sofern die entsprechenden Rahmenbedingungen erfüllt werden. Über eine Software wird eine beliebige Transaktion automatisch unter der Voraussetzung abgewickelt, dass alle beteiligten Parteien die zuvor niedergelegten Konditionen erfüllt haben.

Ein Smart Contract ist ein Stück Software, das eine bestimmte rechtlich relevante Aktivität kontrolliert und/oder dokumentiert oder sogar bewirken kann, sofern die vorgegebenen Voraussetzungen vorliegen (Schrey &Thalhofer, 2017).

Diese Technologie wird daher häufig auch mit einem Warenautomaten verglichen, bei dem sich der Vertragsschluss ebenfalls aus äußeren Umständen ergibt und dessen Ausführung allein über die Mechanik gesteuert wird (Schrey &Thalhofer, 2017). Diese Kommunikationsweise ist in allen Anwendungskonstellationen des Wirtschafts- und Rechtsverkehrs denkbar. Beispielsweise können in „Smart Homes" „intelligente" Kühlschränke verbrauchte Lebensmittel automatisch nachbestellen (B2C). Auch im Rechtsverkehr zwischen Unternehmen (B2B) sind im Zuge von Industrie 4.0 vergleichbare Rechtsgeschäfte denkbar. Und auch im rein privatrechtlichen Bereich (C2C) ließe sich beispielsweise regeln, dass sich eine smarte Tür erst öffnen lässt, sobald der vereinbarte Mietzins auf dem Konto des Vermieters eingegangen ist (Simmchen, 2017).

Beispielsweise könnten Besitztümer wie Autos, Fahrräder oder Wohnungen über ein smartes Schloss und ein Blockchain-System ohne physische Schlüsselübergabe vermietet werden (z.B. AirBnB). Dazu legt der Besitzer die Kaution und Miete im Smart Contract fest. Darüber hinaus werden im Smart Contract Regeln für die Zugangs-/Nutzungsberechtigung hinterlegt (bspw. der Nutzer kann erst nach Zahlung der Kaution und Miete das Schloss öffnen). Sämtliche Interaktionen mit dem Blockchain-System, wie das Ausführen von Zahlungen, der Austausch des digitalen Schlüssels oder das Öffnen und Schließen des smarten Schlosses, können vom Mieter und Nutzer mittels Smartphones ausgeführt werden. Die Zahlungseingänge, Berechtigungsverteilung und -verwaltung sowie die Kautionsrückzahlungen erfolgen transparent, sicher und unveränderbar über die Blockchain.

Mit Hilfe von Blockchain kann eine einfache Dienstleistung zwischen zwei Endgeräten abgewickelt werden (siehe Abbildung 6).

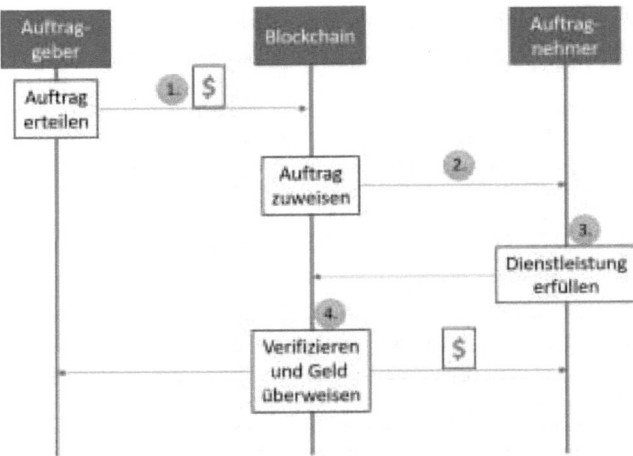

Abbildung 6 : Abbildung einer Transaktion zwischen zwei Endgeräten (Khan, 2018)

6. Fazit

Durch diese Beispiele erkennt man, dass man durch die Blockchain Technik viele alte Geschäftsmodelle revolutionieren kann und so das Leben eines Individuums, aber auch das Geschäftsleben der Unternehmen verbessern, sicherer und effizienter machen kann.

Blockchain ist ein Phänomen, das sich momentan dynamisch entwickelt. Deshalb ist es sehr schwer vorherzusagen, welchen Weg diese Technologie in Zukunft einschlagen kann. Wie Gartner (2017) bereits beschrieben, folgt der Trend nach der Einführung von bahnbrechenden Technologien einem Muster, bei dem auf überhöhte Erwartungen kurzfristige Enttäuschungen folgen, wobei die ursprünglichen Erwartungen letzten Endes erfüllt und langfristig übertroffen werden.

Ich denke, dass die Blockchain-Technologie ein ähnliches Muster aufweisen wird. Da diese sich rasant weiterentwickelt und noch relativ jung ist, bin ich der festen Meinung, dass die kommerzielle Nutzung erst Jahre später stattfinden wird. Man kann einen Vergleich vom Blockchain mit dem Internet machen. Dieses wurde in den 1980er–Jahren entwickelt und erhielt erst Jahre bis zwei Jahrzehnte später weltweite Akzeptanz und erneuerte so das Privat- wie das Berufsleben. Viele Unternehmen sollen deshalb das Geschehen rund um Blockchain sehr genau betrachten, damit Sie es nicht verpassen, wenn der Zug abgefahren ist. Jedoch wird die Technologie stand heute noch nicht entscheidend verschiedene Bereiche automatisieren können, indem sie Vermittler überflüssig machen lässt. Zuerst braucht es standardisierte Konzepte, wie man anhand von IT Sicherheitsprotokollen das Vertrauen in das Konzept, den Datenschutz und Sicherheit gewährleisten kan

7. Literaturverzeichnis

(1)   Autor Andreas von kKWH PREIS (2012), erneuert von
        https://www.kwhpreis.de/strompreis-dossier-teil-5-strompreise-im-
        europaeischen-vergleich
(2)   Axel Kannenberg (2016), erneuert von
        https://www.heise.de/newsticker/meldung/ Bitcoin-Belohnung-fuer-Miner-
        halbiert-sich-auf-12-5-Bitcoin-3262822.html
(3)   Brühl, V. Wirtschaftsdienst (2017) 97: 135. https://doi.org/10.1007/s10273-
        017-2096-3
(4)   Gartner (2016), erneuert von https://www.gartner.com/newsroom/id/3412017
(5)   Joachim Schrey, Thomas Thalhofer (2017). Rechtliche Aspekte der
        Blockchain.
(6)   Jörg Becker, Dominic Breuker, Tobias Heide, Justus Holler, Hans Peter
        Rauer, Rainer Böhme (2013). Can We Afford Integrity by Proof-of-Work?
        Scenarios Inspired by the Bitcoin Currency. Münster, Deutschland: ERCI
(7)   Khan, P. (2018). Blockchain im Internet der Dinge - DIGITALE WELT: Das
        Wirtschaftsmagazin zur Digitalisierung. Abgerufen von
        https://digitalweltmagazin.de/2018/01/16/blockchain-im-internet-der-dinge/.
(8)   Marcus Misiak (2017), erneuert von https://coin-hero.de/bitcoin-mining-
(9)   stromverbrauch-weltvergleich/
(10)   Melanie Swan (2015). Blockchain: Blueprint for a New Economy.
        O'ReillyMedia, Inc.".
(11)   Satoshi Nakamoto (2008). Bitcoin: A Peer-to-Peer Electronic Cash System
(12)   Stromvergleich (2018), erneuert von https://1-stromvergleich.com/strom-
        report/strompreis/
(13)   Simmchen, C. (2017). Blockchain (R) Evolution. MultiMedia und Recht, 3, 162-
        165.
(14)   Swen Günther, Mario Dutschmann (2017). Bitcoin Mining - Wie gut erklären
        klassische Theorien Standortwahl und -verteilung? München, Deutschland.
(15)   The Bitcoin Foundation (2016). Bitcoin Delevoper Guide – Block Chain
        Overview / C rall
(16)   W. Dai, "b-money," http://www.weidai.com/bmoney.txt, 1998